SCIENCE ET RELIGION
Etudes pour le temps présent . 235

SI TOUTES LES RELIGIONS
SE VALENT ?

PAR

J. BRUGERETTE

Professeur licencié d'Histoire et de Philosophie
Officier d'Académie

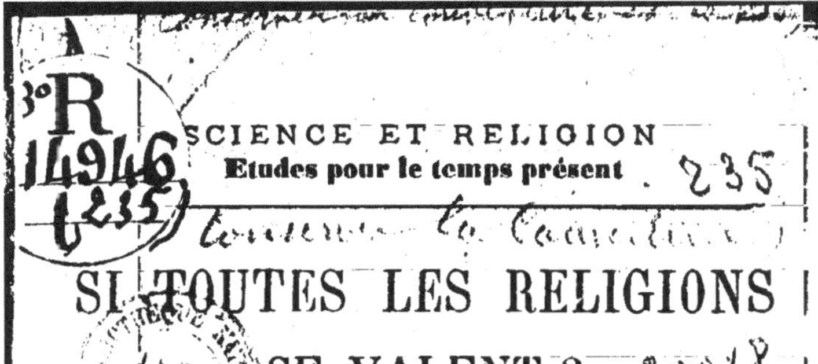

PARIS

LIBRAIRIE BLOUD & Cie

4, RUE MADAME ET RUE DE RENNES, 59

1903

— **Le Levier d'Archimède** ou la **Mécanique céleste et le Céleste mécanicien**, par le R. P. ORTOLAN. 1 vol.
— **Ce que le Christianisme a fait pour la femme**, par G. d'AZAMBUJA. 1 vol.
— **L'Hypnotisme et la Stigmatisation**, par le Dr IMBERT-GOURBEYRE. 1 vol.
— **L'Éducation chrétienne de la Démocratie**, *essai d'apologétique sociale*, par CH. CALIPPE. 1 vol.
— **La Religion catholique peut-elle être une science ?** par l'abbé G. FRÉMONT. 1 vol.
— *Du même auteur :* **Que l'Orgueil de l'Esprit est le grand écueil de la Foi**, *Théodore Jouffroy, Lamennais, Ernest Renan.* 1 vol.
— **La Révélation devant la Raison**, par F. VERDIER, supérieur de Grand Séminaire. 1 vol.
— **Confréries musulmanes.** — *Histoire, Discipline, Hiérarchie,* par le R. P. PETIT. 1 vol.
— **Pratique de la Liberté de conscience dans nos Sociétés contemporaines**, par l'abbé CANET. 1 vol.
— **Comment peut finir l'Univers**, d'après la science, par C. de KIRWAN. 1 vol.
— **Les Théories modernes de la Criminalité**, par le Docteur DELASSUS. 1 vol.
— **Faillite du Matérialisme**, par Pierre COURBET, 3 vol. *se vendant séparément :*
  I. — *Historique.* 1 vol.
  II. — *Discussion ; l'atome et le mouvement.* 1 vol.
  III. — *Discussion ; l'éther, les gaz, l'attraction. Conclusion. — Appendice.* 1 vol.
— **Le Globe terrestre**, par A. DE LAPPARENT, Membre de l'Institut, professeur à l'École libre des Hautes Etudes, 3 vol. *se vendant séparément.*
  I. — *La Formation de l'écorce terrestre.* 1 vol.
  II. — *La nature des mouvements de l'écorce terrestre.* 1 vol.
  III. — *La Destinée de la terre ferme et la Durée des temps.* 1 vol.
— **De la Connaissance du Beau**, *sa définition, application de cette définition aux beautés de la nature,* par l'abbé GABORIT, archiprêtre de la Cathédrale de Nantes. 1 vol.
— **Le Diable dans l'Hypnotisme**, par le docteur Ch. HÉLOT. 1 vol.
— **De la Prospérité comparée des nations protestantes et des nations catholiques**, *au point de vue économique, moral, social,* par le R. P. FLAMÉRION, S. J. 1 vol.
— **L'Art et la Morale**, par le P. SERTILLANGES, dominicain, docteur en théologie. 1 vol.
— **La Sorcellerie**, par I. BERTRAND. 1 vol.
— **Qu'est-ce que l'Écriture sainte ?** *Les Livres inspirés dans l'antiquité chrétienne ; Théorie de l'inspiration,* p. le P. Th. CALMES. 1 vol.
— **Les Morts reviennent-ils ?** par I. BERTRAND. 1 vol.

(Demander la liste **complète** *des volumes* **Science et Religion,** *parus à ce jour).*

SAINT-AMAND (CHER). — IMPRIMERIE BUSSIÈRE

SCIENCE ET RELIGION
Études pour le temps présent

SI TOUTES LES RELIGIONS SE VALENT ?

PAR

J. BRUGERETTE

Professeur licencié d'Histoire et de Philosophie
Officier d'Académie

PARIS

LIBRAIRIE BLOUD & Cⁱᵉ

4, RUE MADAME ET RUE DE RENNES, 59

1903

— Tous droits réservés.

Imprimatur :

Lyon, le 17 août 1902
J. DÉCHELETTE
v. g.

Imprimatur :

Parisiis, die 25ᵃ Augusti 1902
G. LEFEBVRE
vic. gén.

INTRODUCTION

ÉTAT DE LA QUESTION

La science a beau reculer le domaine de l'incon-
naissable, elle ne parvient ni à résoudre l'énigme
du monde, ni à sonder le mystère de notre origine
et de notre destinée, ni à fournir à la conscience morale, c'est-à-dire à la conduite même de notre vie,
un fondement rationnel. Sur tous ces points la religion seule peut combler le vide que laisse dans
l'âme humaine le monde expérimental. La philosophie peut sans doute apprendre à l'homme quelle
est son origine, sa fin, sa loi, son idéal, mais si
sages que soient ses leçons, elle n'est pas encore
parvenue à remplacer celles des religions positives.
Le mérite de ces religions a été d'universaliser une
double croyance : « la croyance à l'existence d'un
monde réel supérieur, distinct du monde expérimental, dans lequel on trouve précisément ce qui

manque au monde inférieur ; le principe, la fin, la loi de notre destinée ; la croyance à des communications spéciales entre ce monde supérieur et le monde expérimental ayant lieu actuellement ou ayant eu lieu dans le passé et devant se renouveler dans l'avenir » (1).

Mais, comme il n'est pas une religion qui ne prétende offrir à l'homme une lumière pour son intelligence qu'inquiètent les problèmes de la destinée, un soutien pour sa volonté que les philosophies changeantes livrent aux hésitations et à l'incertitude, un idéal enfin pour son cœur que la vie de terre ne satisfait point et qui porte par delà les horizons aperçus son espérance, on peut se demander si toutes les religions n'ont pas la même valeur pour la conduite de la vie humaine. Or l'affirmation de l'égale valeur des religions conduit directement à l'indifférence et au scepticisme. La contradiction des doctrines oblige en effet à conclure qu'il n'y a pas de vérité. Par contre, si l'on oppose à cette diversité de croyances l'autorité d'une règle de foi unique, on se trouve en présence d'un dogmatisme qui est le commencement de l'intolérance et peut de ce fait ouvrir la porte à bien des abus. Quiconque se croit en possession de l'absolu, n'est-il pas tenté d'agir

(1) De Broglie (abbé), *Problèmes et conclusions des religions.*

conformément à cette idée ? N'est-il pas exposé à porter les plus graves atteintes aux droits sacrés de la conscience ?

Telles sont les conséquences de l'isolement de deux principes dont on méconnaît la conciliation. On risque d'aller, d'un côté comme de l'autre, à l'abolition de toute véritable foi religieuse. Mais l'isolement de ces principes, né de la pensée de leur opposition absolue, disparaît, quand on les étudie à la lumière de la religion catholique. C'est le propre de cette religion de concilier dans la pratique les droits de la plus stricte orthodoxie avec la condescendance la plus grande possible pour ceux qui ne partagent pas ses croyances.

Notre but est d'essayer cette démonstration, de constituer d'abord une *thèse* pour faire ressortir l'erreur de l'équivalence des religions ou de l'indifférence religieuse et une *antithèse* pour exposer la doctrine de l'intolérance dogmatique ; puis d'entreprendre une synthèse capable de concilier dans l'unité catholique l'inégale valeur des religions avec l'égale dignité des consciences droites, et cela sans repousser la légitimité du droit de répression.

Ainsi nous aurons établi par une preuve nouvelle la transcendance théorique et pratique du catholicisme.

SI TOUTES LES RELIGIONS
SE VALENT ?

CHAPITRE PREMIER

THÈSE : L'ÉQUIVALENCE DES RELIGIONS OU LE SCEPTICISME

La question de l'équivalence des religions est complexe, elle a donné lieu à de multiples théories. Il ne s'agit ici ni d'inventorier et de classer toutes ces théories, ni même de scruter spécialement telle ou telle d'entre elles. Il s'agit, au contraire, de se dégager de l'immense végétation et de l'inextricable enchevêtrement des doctrines, de s'élever au-dessus du « fatras historique » et de ramener le problème à ses données les plus générales. Il faut en effet que la question soit simple et qu'elle exprime le fond des choses pour qu'il soit répondu catégoriquement.

Or, la question se pose ainsi : Est-ce que toutes les religions se valent? Ceux qui affirment leur égale

valeur en donnent cette raison à laquelle peuvent
se ramener toutes les autres, c'est que chaque religion est faite pour ceux qui la suivent et que toutes
sont ainsi l'ouvrage d'un Etre bienfaisant. « Je re-
garde, disait Rousseau, toutes les religions particu-
lières, comme autant d'institutions salutaires, qui
prescrivent dans chaque pays une manière uniforme
d'honorer Dieu par un culte public, et qui peuvent
toutes avoir leur raison dans le climat, dans le gou-
vernement, dans le génie du peuple ou dans quelque autre cause locale qui rend l'une préférable à
l'autre (1) .» C'est le même argument que présen-
tait tout récemment Tolstoï aux lecteurs de la « Revue des Revues (2) ». « Il y eut, observait le grand

(1) *Emile III*, p. 184. Cette opinion de J.-J. Rousseau
se rattache à son système de la religion naturelle ou du
déisme, tel qu'il est exposé dans le *Vicaire savoyard*. L'auteur en tire cette conclusion dans une *lettre* à M. de
Beaumont, p. 84 : « Honorez en général tous les fondateurs
de vos cultes respectifs, que chacun rende au sien ce qu'il
croit lui devoir ; mais qu'il ne méprise point celui des
autres. Ils ont eu de grands génies et de grandes vertus :
cela est toujours estimable. Ils se sont dits les envoyés de
Dieu ; cela peut être et n'être pas. »

(2) *Revue des Revues*, 15 avril 1902 : TOLSTOÏ, *Qu'est-ce
que la religion et ce qu'elle enseigne ?* L'auteur complétait
ainsi sa pensée : «... mais jamais aucune société d'hommes,
depuis que les hommes sont devenus des êtres raisonnables, n'a pu vivre sans religion et c'est pourquoi l'humanité n'a pas vécu et ne vit pas sans religion. »

penseur russe, et il y a beaucoup de religions diverses, parce que l'expression du rapport de l'homme avec l'infini, avec Dieu ou les dieux est différent selon le temps et le degré de développement des divers peuples ».

Affirmer l'équivalence des doctrines religieuses, c'est donc croire qu'il peut y avoir différentes formes de la vérité religieuse, entre lesquelles l'homme serait libre de choisir, si l'autorité d'une règle de foi ne le fixait nécessairement dans la croyance du milieu où Dieu l'a fait naître.

« Je le vois trop : les soins qu'on prend de notre enfance
Forment nos sentiments, nos mœurs, notre croyance :
J'eusse été près du Gange esclave des faux dieux
Chrétienne dans Paris, musulmane en ces lieux (1).

Mais l'autorité d'une règle de foi n'exclut aucunement dans cette doctrine la diversité des credos. Tous ces credos y sont tenus pour également légitimes. « On peut donc en toute conscience et tout honneur être catholique à Rome, protestant à Berlin, orthodoxe à Moscou, musulman à la Mecque, brahmaniste à Calcutta et bouddhiste à Yeddo (2). »

Telle est, dans ses lignes principales, la célèbre théorie de l'indifférence en matière de religion (3).

(1) VOLTAIRE, *Zaïre*, acte I, scène I,
(2) GONDAL, *La Religion*, p. 244.
(3) *Distinction entre l'indifférence pratique et l'indifférence*

Elle reconnaît l'utilité et même la nécessité de la
religion. Il importe d'en avoir une, mais il suffit, il

dogmatique. Les principaux systèmes d'indifférence reli-
gieuse. Il ne faut pas confondre, comme on est porté à le
faire très souvent, l'indifférence pratique avec l'indifférence dogmatique, quoique la première soit, dans bien
des cas, inséparable de la seconde. L'indifférence pratique
est celle des hommes qui n'ont aucune opinion dogmatique sur la religion, ni pour ni contre, ou de ceux qui
croyent vaguement et faiblement à la religion, par habi-
tude et par soutien, mais non par conviction, vivent ou
agissent comme s'ils n'y croyaient pas. C'est enfin l'indifférence de ceux qui pratiquent la religion, mais d'une
manière tout extérieure, par convenance, par respect humain, par usage mondain ou calcul politique, mais qui
n'y apportent aucun sentiment intérieur, aucune foi véritable. Pascal a dénoncé ce mal en termes énergiques dans
un célèbre passage de ses *Pensées,* dont voici la conclusion... « Cette négligence en une affaire où il s'agit d'eux-
mêmes, de leur éternité, de leur tout m'irrite plus qu'elle
ne m'attendrit, elle m'étonne et m'épouvante. C'est un
monstre pour moi. »

L'indifférence dogmatique est l'indifférence voulue et
réfléchie d'opinion et de doctrine. Il faut encore distinguer ici : 1° On peut concevoir une doctrine dont le sens
serait, par exemple, que nous ne pouvons rien savoir sur
tout ce qui dépasse le domaine de l'expérience, c'est-à-
dire sur les causes et sur les fins ; que le mieux par conséquent est de ne pas s'en occuper et d'écarter toute recherche métaphysique et théologique, voilà la véritable
indifférence systématique en matière de religion. Cette
doctrine s'appelle aujourd'hui le positivisme. 2° L'indif-

convient même que ce soit celle de son temps et de son pays.

férence dogmatique est encore la doctrine de ceux qui, tout en ayant une religion, professent l'indifférence sur la vérité religieuse et sur les dogmes essentiels de la religion. Ce n'est pas croire sans doute que la religion est inutile, mais c'est croire qu'elle peut affecter différentes formes. Tel est le sens que nous avons en vue en essayant de répondre à cette question : *Si toutes les religions se valent.* Notre sujet est nécessairement limité par les termes mêmes de la question.

Dans son livre célèbre : *Essai sur l'indifférence en matière de religion,* Lamennais distingue trois systèmes d'indifférence : 1° le système de ceux qui, tout en niant la religion et repoussant pour eux-mêmes toute croyance religieuse, croient que la religion est nécessaire pour le peuple à titre de frein ; 2° le système de ceux qui croient que la religion est nécessaire aux hommes, mais que Dieu ne nous a pas fait connaître, d'une manière certaine, de quelle manière il veut être honoré ; 3° le système de ceux qui croient que Dieu a bien voulu se révéler à nous, qu'il nous a même donné un livre qui contient sa doctrine, mais qu'il nous a laissé le soin de la découvrir par nous-même sans instituer aucune autorité pour interpréter ce livre et pour discerner le vrai du faux.

Répéter ces trois systèmes d'indifférence revient à combattre : 1° le machiavélisme qui tout en niant la religion dans le fond s'en sert comme d'un instrument ; 2° le déisme tel qu'il est exposé, par exemple, dans le *Vicaire savoyard* de J.-J. Rousseau ; 3° le protestantisme contre lequel Bossuet a écrit son *Histoire des Variations.*

Pour une réfutation détaillée de ces diverses erreurs

Cette théorie a frappé, de nos jours surtout, un nombre incalculable d'esprits, qui l'ont acceptée ou repoussée en bloc. Le peuple toujours simpliste a conclu de l'aphorisme : « Toutes les religions se valent », qu'il est indifférent d'appartenir à celle-ci plutôt qu'à celle-là, affirmation contraire à la fois, comme nous le verrons, à la logique et à la morale. Contre ceux qui proclament étourdiment l'égale valeur des croyances religieuses, certains ont cru devoir opposer à l'idéale beauté du catholicisme les pratiques cruelles et les grossiers mensonges de l'idolâtrie ou de la sorcellerie. C'était une autre manière de pousser les choses à l'extrême, à tout le moins un moyen trop commode pour triompher d'une objection gênante. « Chaque religion, dit très bien Tolstoï, est ce qui établit le rapport de l'homme avec l'existence infinie à laquelle il se sent attaché et d'où il tire la règle de son activité. C'est pourquoi, si la religion n'établit pas le rapport de l'homme avec l'infini comme l'idolâtrie ou la sorcellerie, par exemple, ce n'est déjà plus une religion, mais seulement sa dégénérescence. Egalement, ce n'est pas une religion celle qui exige une foi d'où ne découle pas la direction définitive de l'activité de l'homme. »

Voyez Lamennais, *Essai sur l'indifférence en matière de religion*. Nos lecteurs trouveront un excellent résumé de cette réfutation dans P. Janet, *Lamennais*.

La doctrine de l'indifférence en matière de religion n'est pas de ces théories qu'il est permis d'accepter ou de repousser en bloc. Elle se présente du moins comme un bloc hétérogène qu'il faut désagréger méthodiquement pour en séparer les éléments de vérité des éléments d'erreur.

Sous la diversité des formes, toutes les religions, dignes de ce nom, révèlent d'abord l'unité d'un fond commun. Toutes reposent sur une base identique, la nature religieuse de l'homme. A travers la religion les hommes ont en effet la *Religion* c'est-à-dire le sentiment d'une dépendance absolue à l'égard d'un être suprême, source de toute bonté et de toute perfection et une aspiration pour atteindre par leurs facultés intellectuelles et morales l'idéal que cet être représente. De cette religion une loi morale se déduit qui règle les rapports de l'homme avec Dieu et, par voie de conséquence, les rapports de l'homme avec ses semblables. Les applications varient avec les religions, mais toutes les religions tendent au même but : établir ce double lien entre l'homme et Dieu et entre l'homme et ses frères. Dans la réalité pratique, l'existence et la conscience de ce rapport moral est un fait universel. Et toujours, chez tous les peuples, une relation nécessaire de cause à effet, de principe à conséquence, se manifeste entre le sentiment religieux et le sentiment moral, entre la foi et la règle de foi. En ce sens on peut dire que

toutes les religions se valent ; elles ont le même fondement, elles tendent au même but, elles se révèlent
par des effets analogues. Elles se valent en tant qu'elles
sont des institutions, destinées à satisfaire ce besoin
de surnaturel qui existe de tout temps et partout
dans l'humanité.

Voilà l'essence idéale et universelle des croyances
religieuses. Celles-ci sont comme les manifestations
d'une religion suprême qu'on pourrait définir : la
religion de la Fraternité de Dieu et de la Fraternité
des hommes.

« Toute âme aspirante et pensante » peut donc,
suivant le mot de l'auteur des *Grands Initiés*, découvrir en elle-même « les forces mères et les principes de cette religion (1) ». On les retrouve encore
à l'origine de tous les grands cultes de l'humanité ;
ils ont laissé des traces dans leurs traditions. Certaines
parties du Talmud et de la Kabale, les livres des
Prophètes, les paraboles du Christ, les épîtres de
saint Paul, l'Apocalypse tout entière jaillissent de
ces sources profondes de la vérité. Cette même vérité
coule comme un large fleuve qu'on croirait tombé
des hauteurs de l'Himalaya dans les pures traditions
du brahmanisme, des Védas aux Oupanichades
jusqu'à ce svelte et lumineux temple du Bhagavad-

(1) Edouard Schuré, *Lettre sur le congrès universel des
religions*, 1896.

Gita qui se rattache au nom fameux de Krichna.

Il n'y a pas lieu de s'étonner de l'identité et de la perpétuité de ces « forces mères » de la croyance religieuse. Leur genèse a un caractère divin, elle se confond avec cette révélation primitive qui a précédé dans le monde la révélation messianique et d'où sont sorties, d'après l'école traditionaliste (1), toutes les grandes religions qui ont présidé au développement providentiel de l'humanité. Il s'agit ici d'une vérité que tout chrétien doit admettre et qui est susceptible d'être confirmée, au moins d'une manière probable, par la science profane (2).

En négligeant les particularités de leur forma-

(1) Cf. De Broglie (abbé), *Problèmes et conclusions de l'histoire des religions*, pour l'étude du système traditionaliste.

(2) « Que cette religion primitive soit dans son essence identique au christianisme, qu'elle soit comme le christianisme le culte du Dieu créateur, qu'elle ait été destinée à appeler l'homme à la même béatitude surnaturelle à laquelle nous aspirons, qu'elle ait établi entre l'homme et Dieu des rapports semblables de prière et de pardon, qu'elle ait contenu le souvenir de la chute et un vague espoir de réparation, germe de la croyance au Messie, que le rôle primordial du sacrifice ait été, dès l'origine, la figure obscure de l'expiation sur la croix, aucun chrétien ne saurait le contester et sur ces points encore la science ne dément pas la foi. »

De Broglie (abbé), *Problèmes et conclusions.*

lisme et les déviations de leurs croyances primitives
on peut donc affirmer d'une manière générale que
toutes les grandes religions représentent ce qu'il y
a d'essentiel, de permanent et d'universel dans la
révélation primordiale, c'est-à-dire dans l'idée religieuse (1). Il est permis d'en conclure que toutes les
religions ont « du vrai, de l'honnête et de l'utile ».
Tout observateur, que l'esprit de parti n'aveugle

(1) On a prétendu parfois que les fondateurs des religions païennes étaient des envoyés du démon, chargés de
faire abandonner la vérité et de faire embrasser l'erreur.
C'est là un point de vue historiquement faux. A tous
Dieu a donné la vérité en partage. Quand la pauvre famille humaine s'est dispersée, elle a oublié les principes
religieux et moraux. Alors Dieu a suscité, même parmi
les païens, des hommes pour rappeler la vérité. Tels furent les sages de l'antiquité. Boudha, Confucius, Zoroastre, Socrate n'étaient point les serviteurs du démon :
ils étaient les instruments de la Providence divine ; ils
voyaient la vérité, mais seulement en partie, mêlée à des
erreurs ; ils ont fait du mieux qu'ils pouvaient. Pourquoi
ne pas rendre hommage à leur bonne volonté, et à tout
ce qui est bon et beau dans leur enseignement ? Pour les
grands sages d'Israël, il est aisé de démontrer qu'ils an-
nonçaient Notre-Seigneur. Ne pourrait-on démontrer la
même chose pour les sages du paganisme ? C'est ainsi que
fait l'Eglise, en unissant David et la Sybille ; *Teste David
cum Sibylla.*

Voyez Mgr Keane, *Compte rendu du troisième congrès
scientifique international des catholiques* (tenu à Bruxelles
du 4 mai au 8 septembre 1894).

point, reconnaîtra sans peine dans les croyances de tous ceux qui croient et qui prient le plus noble soutien de leurs jours douloureux, le plus puissant élément de vitalité morale et sociale et parfois le plus grand pouvoir d'apaisement pour les inquiétudes de l'esprit.

Ces moyens seront d'ailleurs proportionnés dans leurs effets à la mesure suivant laquelle les dogmes de telle ou telle religion s'accorderont avec les données de la révélation primitive, avec l'essence intime de la Religion. La valeur idéale d'une religion dépend donc du degré de vérité qu'elle contient. Nous pouvons, ainsi, affirmer, que si toutes les religions existantes ont du vrai, une seule doit être pleinement et absolument vraie. De là l'inégale valeur des religions et l'erreur de l'indifférence religieuse.

∴

La notion même de vérité suffit à démontrer que toutes les croyances religieuses ne sont pas également vraies ni par conséquent également indifférentes. La vérité, c'est, comme on sait, la conformité de la pensée avec son objet. La vérité dans l'ordre religieux est donc *logiquement* l'accord exact de notre croyance avec les réalités du monde supérieur. En d'autres termes, c'est « une équation entre l'idée que l'homme se fait de ses rapports avec Dieu

2

et ces rapports tels qu'ils sont réellement ». Or toute équation comporte une relation invariable entre les deux termes qui la composent. En vertu de sa volonté toute puissante Dieu est libre sans doute de changer les rapports qui l'unissent à sa créature (1), et l'idée que s'en fera l'esprit humain sera nécessairement transformée. Mais il n'y aura jamais qu'une seule idée pour représenter cette nouvelle relation. Celle-ci ne pourra être établie que par un seule équation et cette équation exprimera toujours la conformité de la pensée avec son objet. Seule, par conséquent, sera *vraie* dans toute la force du mot, l'idée religieuse qui représentera exactement nos rapports avec les réalités du monde supérieur. Seule aussi sera vraie la religion qui donnera à ses adeptes cette idée unique et adéquate. De même les religions qui ne la formuleront qu'imparfaitement ne seront vraies que partiellement. Et seront fausses celles qui la méconnaissent complètement (2).

On peut objecter, avec les partisans de la relativité de la connaissance, qu'il n'y a jamais, dans la pratique, identité parfaite entre la réalité et ce que nous appelons la vérité. De cette vérité chacun per-

(1) Nous envisageons ici simplement l'hypothèse d'une religion positive, comme la religion révélée. La religion naturelle est immuable comme la nature humaine dont elle est l'expression.

(2) GONDAL, *La Religion.*

çait ce qu'il peut, c'est-à-dire ce que peut s'assimi-
ler son intelligence. Mais le vrai en soi n'en reste
pas moins l'absolu, et cet absolu peut être atteint
par l'esprit humain. De là le devoir de le faire régner tout autant que son règne est possible.

Un raisonnement analogue pourrait établir
qu'une seule religion est pleinement bonne, car il
n'y a d'essentiellement bon que le vrai. S'il est donc
illogique de soutenir que toutes les religions sont
également vraies et également bonnes, il n'est plus
permis de conclure à leur équivalence et l'on ne
peut raisonnablement affirmer qu'il est indifférent
ou même opportun de demeurer dans la croyance
qu'on a reçue du milieu où la Providence nous a
placés. Si je dois en effet accepter sans examen la
tradition religieuse au sein de laquelle j'ai été élevé,
un Chinois, un Arabe, un Bassoutos doivent faire
de même. Il y a une doctrine pour chaque peuple,
et comme ces doctrines se contredisent, il n'y a pas
de vérité. Telle est la conséquence de l'indifférence
en matière de religion. Cette doctrine conduit logiquement au scepticisme (1).

Elle y conduit non seulement quand on subit
l'autorité d'une règle de foi, mais encore quand cette
autorité est librement acceptée. Faire chaque
homme juge de la vérité, c'est la subordonner à un

______

(1) DE BROGLIE (abbé), ouvrage déjà cité.

jugement essentiellement variable, c'est admettre implicitement que la vérité n'est pas une et oublier qu'elle vient de Dieu seul. Dire par conséquent que chacun est juge de la religion, c'est dire qu'il est juge de la vérité. Comme il n'y a en effet qu'une vérité il n'y a logiquement qu'une religion. C'est donc retomber dans l'erreur précédente et partant dans cette contradiction de doctrines qui ouvre la porte au scepticisme et trop souvent aussi à l'irréligion.

CHAPITRE II

ANTITHÈSE : L'UNITÉ DE RELIGION ET L'INTOLÉRANCE
RELIGIEUSE

La vérité religieuse, impliquant l'unité de foi,
échappe par sa nature même aux combinaisons et
aux adaptations de l'esprit humain. Toute avance,
toute capitulation, toute négociation sur le terrain
de la doctrine entraînerait un amoindrissement de
cette doctrine. En abandonnant sa position suréminente et unique, la vérité religieuse descendrait au
rang d'une simple opinion ; elle réduirait sa notion
intégrale et authentique, c'est-à-dire une question
capitale aux proportions d'une controverse d'école.
Et ce serait la ruine de son orthodoxie. Il s'en suit
que toute orthodoxie est nécessairement *intolérante*
et *exclusive*.

.·.

Il est d'abord de l'essence de toute vérité de ne pas
tolérer le principe contradictoire. L'affirmation d'une
chose exclut la négation de cette même chose, comme
la lumière exclut les ténèbres. Là où rien n'est certain,
où rien n'est défini les sentiments peuvent être par-
tagés, les opinions peuvent varier. Mais dès que la vérité se présente avec les caractères certains qui la dis-
tinguent, par cela même qu'elle est la vérité, elle est
positive, elle est nécessaire et par conséquent elle est
intolérante. « Condamner la vérité à la tolérance,
c'est la pousser au suicide. L'affirmation se tue, si
elle doute d'elle-même, et elle doute d'elle-même si
elle laisse indifféremment la négation se poser à côté
d'elle. Pour la vérité l'intolérance c'est le soin de
la conservation, c'est l'exercice légitime du droit de
propriété. Quand on possède il faut se défendre sous
peine bientôt d'être entièrement dépouillé (1). » Si
c'est la condition de toute vérité d'être intolérante
il est clair que la vérité religieuse, étant la plus
absolue et la plus importante de toutes les vérités, sera
par conséquent aussi la plus intolérante.

En fait, toutes les religions positives qui ont paru
sur la terre, jusqu'à ce jour, ont revêtu la forme

(1) Abbé MOREAU, vicaire général de Langres, *Réponse à
une enquête publiée par le Matin du 25 septembre 1895 sur
le congrès des religions.*

d'orthodoxies. Et chacune de ces orthodoxies, ayant eu
pour opinion qu'elle était la seule bonne et la seule
vraie, a fait de l'intolérance le principe fondamen-
tal et la condition de son existence. Toute Eglise a
été amenée presque inévitablement à engager une
double lutte, lutte intérieure contre les forces
sociales qui pouvaient lui opposer quelque obstacle,
lutte extérieure contre les orthodoxies étrangères,
lutte au dedans pour exister, lutte au dehors pour
s'étendre. Se soustraire à ces conditions générales
d'existence et d'expansion eût été pour les commu-
nions religieuses aller au-devant de la dissolution,
au-devant de la mort.

D'autre part, en se donnant comme la seule vraie
et la seule bonne religion, toute orthodoxie a dû
faire sienne la devise du fameux connétable : *Une
foi, une loi* , devise qui implique l'exclusion de
toute doctrine, de tout culte et de tout sacerdoce étrangers. En d'autres termes, il y a toujours eu, dans
toute orthodoxie, des choses qui fallait croire et des
pratiques qu'il fallait accomplir sous peine de perdition. L'absolu en religion s'est, en effet, manifesté
sous la forme du *dogme* et a pris celle du *commande-
ment* catégorique. On a pu étendre ou retrécir la
sphère des dogmes et des rites sacrés, on a pu, avec
les uns, se contenter des pratiques larges ; on a pu,
avec les autres, soumettre à la réglementation, jusqu'au régime diététique, mais il a fallu toujours ad-

mettre un minimum de dogmes absolus et de pratiques absolument nécessaires sans lesquelles il n'y
aurait pas eu d'Eglise vraiment religieuse, sans lesquelles aussi il n'y a pas de salut possible. La sanc-
tion d'une religion dogmatique a toujours été, en
effet, présentée comme également absolue. Il ne
s'est agi de rien moins que d'un bien absolu d'une
part et d'un mal absolu d'autre part, l'un et l'antre
conçus sous l'idée d'éternité. Ne pas appartenir à
cette orthodoxie, c'était donc marcher hors des voies
du salut, c'était, dès lors, s'exposer à une éternité
de peines.

*
* *

Tout dogmatisme est donc exclusif et conduit par
une route directe à l'intolérance, en matière de foi,
comme l'indifférence vis-à-vis de la religion conduit
par la même voie au scepticisme et à l'irréligion.
Mais la raison repousse le scepticisme et l'irréligion ;
la *philosophie* et le *droit modernes* condamnent également *l'intolérance en* matière de *doctrine religieuse*.
Voici leurs objections :

Vous nous parlez, d'abord, disent à leurs adversaires les partisans de l'esprit moderne, de choses
qu'il faut croire et de pratiques qu'il faut accomplir
sous peine de perdition éternelle. Comment conciliez-
vous les prétentions de ce dogmatisme avec l'hypothèse ou plutôt avec le fait certain de la bonne foi ?

L'homme qui de bonne foi est dans l'erreur ou la
vérité incomplète n'est pas coupable de son aveugle-
ment, par conséquent, il ne saurait encourir votre
condamnation. Telle est l'affirmation de la philosophie et cette affirmation est celle du bon sens et de
l'humanité. La responsabilité n'est pas où la conscience et la liberté ont fait défaut. On n'est responsable de ses actes qu'autant qu'on les a prévus ou
qu'on aurait dû les prévoir. On ne saurait donc
admettre que des hommes privés des lumières de la
religion véritable, sans que cette privation soit le
résultat d'une volonté mauvaise, portent la peine
d'un crime involontaire. En règle générale, la bonne
foi doit être comptée à toute conscience sincèrement
religieuse comme l'excuse légitime de son erreur. Si
la foi, en effet, est le plus grand don de Dieu, la
« bonne foi » est le plus grand mérite de l'homme,
son droit le plus sacré et le plus à défendre. Et l'on
comprend très bien ce mot aussi ingénieux que pro-
fond d'un protestant converti à l'un de ses coréli-
gionnaires dont il connaissait l'ardente piété. « Vous
ne serez pas sauvé par votre foi mais par votre
bonne foi .» C'est moins, en effet, la pureté de la
croyance que la rectitude de la volonté qui fait la
valeur religieuse des individus. Celle-ci dépend surtout de l'élément de personnalité morale qu'une
doctrine ou un culte développent chez l'homme.
Etant donnée, d'autre part, la diversité des races, des

traditions, des éducations, la diversité des religions
est presque fatale. Or, qui donc oserait accuser de
mauvaise foi cette multitude d'hommes, qui nés et
vivant hors de l'Eglise que vous appelez véritable, ne
se doutent même pas qu'ils sont dans l'hérésie ou
dans le schisme. La bonne foi est donc la condamnation de l'intolérance religieuse relativement au
salut (1).

Mais considérée comme moyen de défense pour
assurer l'intégralité ou le respect d'une doctrine
ou comme moyen d'apostolat pour faciliter la diffusion de cette doctrine dans le monde l'intolérance
peut-elle philosophiquement se légitimer ?

Certes une orthodoxie qui peut se donner comme
l'unique dépositaire de la vérité religieuse est fondée
logiquement à proclamer son droit à l'intolérance,
C'est toutefois un droit qu'on chercherait vainement
à concilier *en principe* avec les données de la philosophie moderne et de notre droit public.

Pour toute orthodoxie la vérité seule a des droits ·
et l'erreur n'en a pas. — Non, répondent les adversaires du dogmatisme, l'erreur n'a pas de droits, car
l'erreur n'existe pas en soi. On ne saurait la concevoir que comme le contraire de la vérité, mais dans

(1) Nous verrons, au chapitre suivant, à propos de la
célèbre théorie du *corps et de l'âme* de l'Eglise dans quelle
mesure la doctrine catholique peut tenir compte de la
bonne foi.

la pratique l'erreur a des droits et des droits civile-
ment et politiquement égaux. Si, en effet, l'erreur
résulte de causes fatales, naissance ou éducation
celui qui se trompe n'en est pas responsable, si elle
est, au contraire, l'œuvre de sa liberté, le fruit de sa
raison, on doit respecter dans cette erreur sa raison
et sa liberté mêmes (1). Il y a plus, pour les ad-

(1) Pour les partisans de cette opinion la question de la
tolérance n'est pas un problème théorique, c'est un problème éminemment pratique et social. Il ne se résout pas
dans l'absolu, il se résout relativement aux personnes. Il
n'est donc point possible de distinguer entre l'*intolérance
de l'erreur* et la *tolérance de la personne*. La vérité, considérée en elle-même, est, en effet, une abstraction ontolo-
gique, mais cette chose impersonnelle se réalise dans l'intelligence des personnes. La maxime qui identifie le droit
de la vérité revient donc à celle-ci : ceux qui se croient
dans la vérité ont des droits, les autres n'en ont pas, manière détournée de dire : « J'ai tous les droits, vous n'en
avez aucun. » Dans la pratique, dit M. Fouillée, à qui
nous empruntons ce raisonnement, ce conflit d'opinions
ne pourra se résoudre que de deux manières, par la force
ou par l'égalité des libertés. Admettez-vous la première
solution ? la force peut être l'ignorance ou l'erreur aussi
bien et plus souvent que la vérité. Admettez-vous la solution par la liberté, le seul droit que vous puissiez avoir
sera le droit d'exprimer votre opinion pour vous mettre
d'accord avec les autres. Vouloir imposer la vérité du
dehors est chose impossible. Seule l'égalité des libertés, entre
tous les êtres raisonnables, fait peu à peu surgir la vérité
éternelle au-dessus des opinions changeantes. Celui même

versaires du dogmatisme l'erreur, quand elle est
sincère constitue plus qu'un droit : c'est un devoir.
Il y a hypocrisie à l'échanger contre la vérité. L'intolérance est encore condamnée de nos jours pour
des raisons tirées de la célèbre théorie de la relativité de la connaissance humaine. Il n'y aurait jamais
identité entre ce que nous appelons la *vérité* et la
réalité elle-même. Tout article de foi absolue de-
vient ainsi un article d'erreur. Dans ces conditions,
comment donner une solution certaine, une solution unique des problèmes éternels ? Comment oser
formuler une conclusion dogmatique et sans
appel ? (1).

qui est supérieur par le savoir ne peut convaincre les autres qu'en se mettant à leur niveau et en se faisant leur
égal devant le juge commun de l'expérience et de la raison. Le seul droit du plus sage, c'est celui de la libre persuasion, comme le droit du plus vertueux est celui de
l'exemple. » Une dangereuse subtilité se cacherait donc
sous la prétendue tolérance des personnes. Puisque l'erreur n'existe pas en soi, traquer l'erreur serait toujours
quelque casuistique qu'on fasse, traquer la pensée de
quelqu'un, donc traquer les personnes.

(1) On sait que le principe directeur de la science moderne consiste dans la *relativité de la connaissance*. Sur
cette question voir : A. Fouillée, *Critique des systèmes
de morale contemporaine* et *Idée moderne du droit*. Voir encore H. Blondel, *Les approximations de la vérité*. Cette
théorie de la relativité de la connaissance avait été entre-
vue par saint Augustin. Pour lui, la raison philosophique

Notre droit public n'est que l'écho de cette philosophie toute rationaliste. L'article X de la *déclaration des droits de l'homme* affirme que *nul ne doit être inquiété pour ses opinions religieuses*. Le titre renfermant les dispositions fondamentales de la Constitution de 1791 porte : *La constitution garantit à tout homme la liberté d'exercer le culte religieux auquel il est attaché.* La déclaration de 1793, établie par la Convention, proclame que *le libre exercice des cultes ne peut être interdit.* Enfin, la déclaration de 1795, œuvre du Directoire, établit que *nul ne peut être empêché d'exercer, en se conformant aux lois, le culte qu'il a choisi.* Toutes ces prescriptions de notre droit public ont pour but de sauvegarder l'exercice de la liberté religieuse. Elles sont la condamnation

ou effective se manifeste chez ceux qui ne se trompent pas par la perception convenable de l'absolu. Mais, chez ceux qui se trompent, elle serait une perception fausse ou embrouillée dans laquelle une partie de vérité se mêle à beaucoup d'erreurs. Saint Augustin, au second livre de son *Libre arbitre* rappelle souvent le caractère individuel de l'intelligence. Il n'y a, dit-il, qu'un absolu à la disposition de tous, et chacun en perçoit ce qu'il peut ! *Unam* (*sapientiam*) *proesto esse communiter omnibus, cujus quanto magis quisque fit particeps, tanto est superior* (c. IX, n. 25, t. I, col. 1254). On aurait tort toutefois d'identifier la doctrine de saint Augustin avec celle de nos philosophes modernes. L'une conduit à la foi, l'autre en éloigne. L'une admet la possibilité d'atteindre l'absolu, l'autre ne dépasse pas le cercle de la relativité.

formelle de toute contrainte en matière de croyance et de culte.

Il est vrai que les partisans de l'intolérance peuvent retourner contre les principes de ce droit moderne un argument très spécieux, tiré de ses pénalités. Ils peuvent très justement rappeler à leurs adversaires avec quelle quiétude ceux-ci interdisent et punissent les actes directement contraires aux conditions actuelles de la vie sociale (par exemple, l'outrage public aux bonnes mœurs, etc.). Or, toute religion superpose une autre société à la société humaine, toute religion conçoit la vie au milieu des hommes comme enveloppée et débordée par la vie au sein de la divinité : elle doit donc chercher à maintenir cette société surnaturelle avec non moins d'énergie que l'on cherche à maintenir la société humaine (1).

Les partisans de la tolérance religieuse ne sauraient passer outre, sans abandonner leurs propres principes. Ils croient cependant pouvoir échapper à la rigoureuse dialectique de leurs, adversaires en ramenant l'ordre surnaturel à un simple concept de l'intelligence.

Vous confondez, répondent-ils, l'ordre idéal avec l'ordre réel en ajoutant de nouveaux murs aux murs et aux fossés qui entravent déjà la circulation

(1) Cf. D. Thomas, 2ª, 2ᵉ, q. xi, art. 3.

sur la surface de la terre. Cet état de choses ne
peut s'établir. « Les idéaux n'ont jamais le caractère
exclusif et intolérant des réalités (1). » Ce n'est pas
assez : la légitimité du pouvoir coercitif est encore
combattue par les dangers de son application. Si,
disent à leurs adversaires les partisans de la tolérance religieuse, si le principe de vie d'une foi religieuse doit être le principe de mort de toute autre
foi, de toute autre pensée, ne voyez-vous pas à
quelles représailles impitoyables vous allez exposer
votre orthodoxie ?

Toute autre foi, toute autre pensée qui représentent un droit sacré de la conscience, le droit de
vos contradicteurs, seront obligées pour se défendre
et pour vivre de proclamer l'intolérance contre
votre Eglise. A cette Eglise et à cette Eglise seule
toute tolérance sera refusée (2). La seule Eglise en
effet qui ne mérite aucun droit de cité dans la Cité
moderne c'est l'Eglise qui prétend imposer sa foi,
c'est l'Eglise intolérante. Ne sentez-vous point
d'ailleurs que, tant que la liberté religieuse ne sera
point totale, indiscutée partout, il y aura des persé-
cutions profondément regrettables et des crimes de
lèse-humanité. N'êtes-vous pas, enfin, suffisamment
éclairés par les abus de l'intolérance ? Les premiers

(1) GUYAU, *L'irréligion de l'avenir.*
(2) C'est le raisonnement de l'école de M. Renouvier.

chrétiens martyrisés, Galilée niant par ordre la vérité scientifique, Jean Huss brûlé vif pour expier le
crime d'hérésie, Bernard Palissy jeté dans les fers,
les Vaudois et les Camisards pourchassés, les Juifs
traités en parias, les protestants massacrés ou expul-
sés ; ce sont, avec beaucoup d'autres, les violations
historiques de la liberté de conscience (1). Il est des
choses qu'il faut tâcher d'oublier quand elles sont
trop souillées de sang et de boue ; On a rasé des mo-
numents, on a purifié et transformé les lieux aux-
quels s'attachaient de trop sanglants souvenirs. A
leur tour, les partisans de l'intolérance doivent la-
ver leur pensée à l'eau lustrale.

Telles sont les objections de la philosophie et du
droit modernes contre la répression de l'erreur en
matière de foi et partant contre le dogmatisme. A
s'en tenir à ces seules données, on est trop facile-
ment amené à condamner l'orthodoxie religieuse au
nom de l'humanité et de la justice. De ce fait que
les religions se présentent comme l'expression de

(1) « Si on comptait tous les meurtres commis par l'intolérance au nom des dogmes absolus dans tous les pays
du monde, si on mesurait tout le sang versé, si on amon-
celait tous les cadavres ne verrait-on point ce monceau
s'élever plus haut que la flèche des cathédrales et le dôme
des temples où les hommes vont encore avec une inalté-
rable ferveur, invoquer et prier le Dieu de bonté. »
(Guyau, *L'irréligion de l'avenir.*)

l'absolu, on conclut que la seule conduite qui soit en harmonie avec l'absolu, c'est l'absolutisme pratique. Serait-il vrai qu'on ne puisse concilier les droits de l'orthodoxie avec la dignité de toutes les droites consciences et du respect qui leur est dû ? Telle est la question qu'il nous reste à examiner.

CHAPITRE III

SYNTHÈSE : CONCILIATION DANS L'UNITÉ CATHOLIQUE
DE LA DOCTRINE DE L'INÉGALE VALEUR DES RELI-
GIONS AVEC CELLE DE L'ÉGALE DIGNITÉ DES CONS-
CIENCES OU LA TRANSCENDANCE THÉORIQUE ET PRA-
TIQUE DU CATHOLICISME

Quelle conclusion générale tirer de ce qui pré-
cède pour la solution du problème religieux qui
nous occupe ?

Aucune. Nous sommes en présence d'une thèse
et d'une antithèse, c'est-à-dire d'une « position »
et d'une « opposition ». Il nous manque une synthèse pour faire ici « l'exclusion » des données qui
se repoussent et la « composition » de celles qui
peuvent s'unir.

En d'autres termes, la notion de vérité impliquant nécessairement celle d'unité, est logiquement

contraire à la doctrine de l'égale valeur des religions. Ainsi est condamnée par la raison elle-même
la théorie de l'indifférence religieuse. Mais l'unité
de foi, se manifestant dans la pratique sous la forme
d'une orthodoxie intolérante et exclusive, n'est pas
moins contraire à la doctrine de l'égale valeur de
toutes les droites consciences. Elle est repoussée, de ce
fait, par la philosophie et le droit modernes.

Résumons ceci en le complétant.

Toutes les religions sont bonnes ? Erreur. Une
seule religion est bonne ? Crime (1).

On le voit, prise en bloc, la thèse se traduit
par un illogisme. L'antithèse apparaît néfaste.

La thèse est acceptable cependant, si dans toutes
les religions on veut se borner à voir la *religion* qui
est bonne. L'antithèse sera également soutenable si
l'intolérance de l'erreur pouvait se concilier avec
le respect dû à la conscience humaine.

Mais comment expurger et compléter l'une par
l'autre cette thèse et cette antithèse qui s'excluent
par leurs côtés faux et s'incluent par leur côtés vrais.
Comment concilier, au moins pratiquement, la
doctrine de l'inégale valeur des religions avec celle
de l'égale dignité des consciences.

La religion catholique essaye d'apporter cette
synthèse.

(1) Pour les adversaires du dogmatisme.

I

Le catholicisme se donne comme l'expression de la vérité absolue et de la bonté parfaite dans l'ordre religieux (1). Il fonde cette prétention sur l'autorité de la révélation faite au peuple d'Israël et de celle que Jésus-Christ a apportée à notre monde. Et les faits historiques qui servent de base à cette religion et qui sont la marque de la parole divine, nécessairement infaillible, attestent que l'une et l'autre sont réellement authentiques. Ils prouvent, en outre, qu'en dehors du culte, institué par Moïse, et du Christianisme, aucune parole divine n'a été adressée à l'humanité. Si donc la religion catholique est vraie, les autres sont mensongères, de même si elle est surnaturelle et possède une puissance céleste, les autres n'ont d'autres forces que celles de la nature. On ne peut, dès lors, considérer toutes les religions comme également vraies et bonnes en elles-mêmes.

(1) Nous considérons ici le christianisme sous sa forme la plus élevée, qui est la religion catholique. Les autres sectes chrétiennes ne contiennent qu'une partie des éléments du catholicisme et ne possèdent pas cette unité vivante qui la caractérise. La forme catholique est d'ailleurs celle que Jésus-Christ a donnée à la religion dont il est l'auteur.

Cette conclusion en amène logiquement une autre : comme il s'agit d'une religion sur laquelle il ne peut planer aucun doute, puisqu'elle est l'œuvre de l'intelligence suprême et infinie, qui ne saurait contenir en elle-même aucune contradiction véritable, on comprend que la religion catholique ne laisse aucune latitude au relâchement de l'esprit. Tout ce qui est en dehors d'elle, toute opinion ou toute croyance qui ne se fonde pas sur la notion intégrale de la vérité révélée rendra, en effet, les âmes plus ou moins incertaines sur telle ou telle partie de cette vérité. Le catholicisme est donc la condamnation formelle de l'indifférence en matière de religion. Mais si le catholicisme garde, vis-à-vis des autres cultes, une place suréminente et unique, s'il peut se donner comme le gardien infaillible et incorruptible de la véritable doctrine, il ne saurait cependant méconnaître, sans injustice, la valeur des autres doctrines religieuses. Bien plus, c'est par une constatation de ce genre qu'il peut faire éclater aux yeux de tous la preuve de son origine divine et de sa transcendance absolue.

Nous avons établi, en effet, que toutes les religions se ressemblent, en tant qu'elles sont, d'après l'école traditionaliste, une émanation de la religion primitive de l'humanité, ou en tant qu'elles représentent, pour la philosophie et pour le savant, des institutions destinées à satisfaire les aspirations supérieures de la nature humaine. La foi catholique nous apprend, d'autre part, que « la religion chrétienne n'est qu'une révélation superposée sur les lumières infusées à l'âme de chaque créature venant au monde ». C'est la nouvelle alliance, contractée par Dieu avec l'homme pour satisfaire par « une institution réelle, authentique, céleste, efficace » à ces mêmes aspirations du cœur humain qui avaient trouvé, dans des doctrines et des cultes imparfaits, et mêlés d'erreurs, des secours notoirement insuffisants.

Or, que ces doctrines et ces cultes proviennent de la révélation primitive, leur commune origine, ou qu'ils soient sortis spontanément des instincts religieux du cœur de l'homme, ils ont, par ce qu'ils représentent de bon, de faux et de vrai, une étroite parenté avec cette religion révélée que Jésus-Christ est venue apporter au monde ; ils s'en séparent, par contre, radicalement, quand ils cessent de satisfaire aux sentiments moraux, nobles et élevés de l'humanité. Ceci posé, si l'on exclut tout ce qu'il y a de faux et d'immoral dans les pratiques et dans les dogmes des cultes étrangers au christianisme, c'est-à-dire tout ce qui peut paraître une déviation ou une corruption de la révélation primitive, tout ce qui ne répond pas aux besoins généraux du cœur de l'homme en tous les temps et en tous les lieux.

Si d'autre part on veut former une religion unique avec tous les éléments de vérité, de bonté et de beauté, dispersés dans les divers cultes, une religion capable de réunir toutes les données de la religion primitive et de s'adapter à toutes les aspirations généreuses du cœur humain, on verra que ce type universel auquel on peut rapporter tous les cultes se confondra avec l'idéal catholique (1).

C'est grâce à ce caractère *d'universalité* que le catholicisme a le droit de se donner comme la religion *unique*. Il est la religion unique, parce qu'il est la religion vraiment universelle, la religion dont les doctrines et les rites satisfont pleinement aux besoins supérieurs de l'humanité, celle qui reproduit en elle-même tout ce qui est bon et vrai ailleurs et n'exclut que ce qui est contraire à la vérité, à la morale, à la perfection de l'idéal religieux, celle qui, vivant de sa vie propre, grandissant au milieu des obstacles, perpétuellement jeune et toujours prête à se relever, lorsqu'elle a reçu quelque atteinte du dehors, traverse les siècles, en rassemblant dans un même ordre de sentiments des hommes de toute race et de toute civilisation. Et si, comme nous l'avons déjà établi, une seule religion peut être vraie sans mélange d'erreur, partant

----

(1) Cardinal BOURRET, *Lettre sur le congrès universel des religions.*

honnête dans toute l'acception du mot et utile sans restriction, qui pourrait se tromper sur les caractères de cette religion et ne pas reconnaître immédiatement le catholicisme ?

Oui, le catholicisme est seul pleinement vrai et pleinement bon, parce qu'il est véritablement le type de la religion parfaite, celle qui réalise la fraternité des hommes, de tous les hommes dans la paternité de Dieu. Et parce qu'il est destiné à l'humanité entière, c'est la religion définitive, dont le développement doit durer autant que le genre humain. Toutes les autres religions ne sont, dès lors, que des religions partielles et tronquées de cette religion unique. Elles peuvent répondre, dans une certaine mesure, aux besoins spéciaux d'une race et d'un peuple (1), mais elles ne possèdent et ne peuvent posséder cette sorte de catholicité de doctrine, de rites et d'institutions de la religion fondée par Jésus-Christ ; il leur manque cette perfection propre au catholicisme et qui seule peut révéler indubitablement l'œuvre d'une puissance et d'une sagesse divines. Entre les fondations de Zoroastre, de Cakia-Mouni, de Mahomet et celle de Jésus-Christ

---

(1) Pour cette démonstration voir l'excellent ouvrage de l'abbé DE BROGLIE : *Problèmes et conclusions de l'histoire des religions*, en particulier le chapitre IX : *Le christianisme et les autres religions comparés dans leurs éléments communs*.

il y a tout l'abîme qui sépare l'humain du divin, le ciel de la terre. Et l'on comprend que l'Eglise catholique, fille de Jésus-Christ, défende l'œuvre de son fondateur en condamnant cette indifférence qui consiste à regarder toutes les religions comme également vraies et bonnes en elles-mêmes.

II

L'unité de religion a pour corollaire indispensable l'unité de foi. Par suite, l'obligation de croire à la vérité révélée s'impose logiquement à tous les hommes, car tous sont logiquement tenus de suivre une religion établie par Dieu lui-même pour combler les lacunes des autres religions et instituer un culte digne de la divinité. Ceux donc qui vivent en dehors de la vraie foi sont tenus de l'embrasser et ceux qui l'ont embrassée doivent y persévérer. Tel est le devoir que le concile du Vatican a prescrit en des termes qui ne laissent aucun doute « *Ut autem officio veram fidem amplectendi in eaque constanter perseverandi satisfacere possemus.* » Mais l'unité de foi ne peut être pratiquement obtenue que par l'infaillibilité d'une autorité doctrinale. C'est pourquoi la vérité révélée est enseignée et dogmatiquement définie par une autorité absolument infaillible, émanation de l'autorité absolument infaillible de Dieu. Une autorité absolue imposant une croyance absolue à une vérité absolue, voilà l'Eglise catholique. N'est-ce pas l'intolérance en matière de foi, l'exclusion en matière de doctrine ?. L'Eglise condamne l'erreur c'est-à-dire les croyances contraires à son enseignement, elle fait dépendre le salut éternel de l'adhésion à la vérité révélée par Dieu et formulée dans le *credo* catholique. Peut-on dans ces conditions concilier la thèse de l'unité catholique avec tous les droits que lèse son apparente intransigeance ?

On connaît l'intolérante maxime si souvent reprochée au catholicisme : « Hors de l'Eglise point de salut ». Mais comment accorder cette prétendue exclusion avec le fait certain de la bonne foi ? Comment encore accorder l'excommunication de ces centaines de millions d'hérétiques et d'infidèles avec le caractère d'une rédemption universelle ? C'est Jésus-Christ lui-même, qui nous affirme qu'il est mort pour tous les hommes, et c'est la foi qui nous enseigne que Dieu a donné à tous les hommes les moyens de se sauver. Peut-on dès lors admettre qu'en dehors de l'Eglise il est impossible de faire son salut ? A travers la multiplicité des croyances religieuses, sous tant de formes dissemblables de dogmes et de cultes, ne voit-on pas, d'ailleurs, même au milieu de leurs contradictions et de leurs prétentions rivales, une humanité souffrante à la recherche du salut, une

humanité diverse par les moyens et une par le but?
Et faut-il oublier, malgré leurs plus ardents conflits,
que tous ces hommes sont frères par la douleur et
frères par l'espérance! Tous ces signes de rapproche-
ment n'indiquent-ils pas la possibilité d'un salut
commun sur la base d'une foi commune?

La doctrine catholique a une belle et noble réponse, bien faite pour lever, ici, par sa haute spiri-
tualité, tous les doutes angoissants. C'est sa célèbre
distinction du *corps* et de l'*âme* de l'Eglise. Le corps
c'est l'Eglise *visible*, la réunion des personnes qui
font profession extérieure de la foi catholique, bien
que souvent elles la démentent par leur conduite.
L'âme, c'est l'Eglise *invisible*, la réunion des
hommes de bonne volonté, droits de cœur et de
conscience. C'est l'Eglise où peuvent se mêler en
une seule âme, sans distinction de communion, les
âmes de tous ceux qui prient sur la terre, de tous
ceux qui par des regrets ou par les tourments, d'une
pensée inquiète ou par les appels de leur souffrance,
cherchent Dieu dans l'amour des hommes et la
pratique du devoir (1). Est sauvé quiconque appar-

(1) L'unité de culte est certainement l'idéal. Il n'est pas
naturel que des hommes qui se considèrent comme les
enfants du même Père Céleste, comme les rachetés du
même Sauveur, se séparent par les actes d'une adoration
qui devrait être commune ; mais dans l'état présent des
choses, par l'effet des habitudes contractées sous le régime

tient à cette société illimitée d'âmes religieuses (1).

Telle est la bienfaisante doctrine qui doit servir à l'interprétation de la maxime fameuse : « Hors de l'Eglise point de salut. « Elle a pour elle l'appui des plus anciens Docteurs de l'Eglise. Saint Justin, en parlant du Christ comme de l'auteur du salut, se heurte à une objection naturelle qu'il expose et réfute dans les paroles suivantes :

« Que certaines personnes, faute de réfléchir, ne viennent pas détourner nos paroles de leur véritable sens et nous dire : « Vous enseignez que le Christ

de la séparation et des préjugés qui s'allient à ces habitudes, l'existence de plusieurs établissements religieux offre des avantages. La diversité des cultes perdrait ses inconvénients les plus graves si la séparation n'était que matérielle et n'empêchait pas de conserver « l'unité de l'esprit par le lien de la paix (1) ».

(E. NAVILLE, ouvrage déjà cité)

(1) *Theologiæ dogmaticæ compendium in usum studiosorum theologiæ*, edidit de Hurter, S. J. Aniponte, 1880, tomus I. Thesis 37 : « Ecclesiæ anima *latius* patet ejusdem corpore, seu Ecclesiæ anima corpori Ecclesiæ non est commensa hujusque limitibus non circumscribitur. . »

Thesis 38. « Infideles, hæretici et schismatici formales simpliciter sunt extra Ecclesiam ; hæretici vero et schismatici materiales, licet sint extra Ecclesiæ corpus, possunt tamen, si bona sint fide, si credant, si operent ac Deum supernaturaliter diligant, ad ejus animam pertinere.

est né, il y a cent cinquante ans, sous le gouverneur Cyrénius, qu'il a prêché sa doctrine, à l'époque de Ponce-Pilate ; mais ceux qui ont vécu avant lui, peu_vent-il êtres coupables, puisqu'ils n'ont pu le connaître ? » « Toute notre réponse à cette difficulté la voici. Nous avons appris et nous enseignons que Jésus-Christ est le premier-né de Dieu et la raison éternelle (logos) à laquelle tout le genre humain participe. Que suit-il de là ? C'est que tous ceux qui ont vécu conformément à la raison sont chrétiens... Avant Jésus-Christ, ceux qui ont vécu sans prendre la raison pour guide étaient les méchants, les ennemis du Christ, les meurtriers des gens de bien. Mais tous ceux qui ont vécu et qui vivent encore d'une vie toute de raison sont véritablement chrétiens sans crainte comme sans trouble sur leur salut (1). » Saint Clément d'Alexandrie parle comme saint Justin : « Dieu, dans tous les temps, depuis la création du monde, a fait pleuvoir sur les hommes le Verbe divin (2). Tous ceux d'entre les Grecs et d'entre les Barbares qui ont recherché la vérité ont été illuminés plus ou moins par le Verbe, source de la Vérité (3). » Aussi saint Clément considère-t-il la sagesse des peuples anciens comme pouvant être

(1) *Première apologie*, chapitre XLVI. (*Traduction empruntée à l'ouvrage de M. E. NAVILLE*).

(2) *Stromates*, livre I, chap. VII.

(3) *Stromates*, livre I, chap. XIII.

une préparation salutaire à la foi chrétienne ? Il est d'accord avec saint Justin pour considérer les hommes de bonne foi et de bonne volonté comme des chré-tiens avant la lettre, c'est-à-dire avant l'apparition terrestre du Christ. Si donc le Sauveur, est la raison éternelle à laquelle tout le genre humain participe, on comprend que les rayons de vé-rité qui procèdent de lui aient précédé l'apparition terrestre du foyer dont ils émanaient. Lorsque le soleil se lève, il a été devancé par l'aurore, mais c'est le soleil qui produit l'aurore et non pas l'au-rore qui produit le soleil. Jésus a dit : « Je suis la vérité. » Partout où se rencontre un élément de vérité à l'état de lumière ou même de simple lueur, il y a donc une influence qui procède de lui. L'Eglise invisible se présente ainsi comme la réunion de toutes les âmes placées sous la bienfaisante in-fluence de l'esprit divin. C'est pourquoi saint Au-gustin a pu écrire : L'Eglise est intérieure et exté-rieure. « Beaucoup paraissent hors de l'Eglise et sont dedans, beaucoup paraissent dedans et sont dehors. » C'est aussi pourquoi, dans le credo catho-lique, la croyance à la sainte Eglise universelle est précédée de la croyance au Saint-Esprit, la première formule étant l'explication de la seconde.

Il ne faut pas toutefois quitter ce sujet sans pré-venir une erreur grave qui consisterait à interpréter la théorie de l'âme de l'Eglise dans le sens de l'indifférence des doctrines et à tirer la conclusion que toutes les religions sont également bonnes. En voulant, en effet, effacer les frontières d'une fraternité confessionnelle qu'on juge exclusive, funeste, à tout le moins inutile, au risque d'en méconnaître les bienfaits : « Je veux appartenir non point à une secte, mais à la communauté des esprits libres qui aiment la vérité et qui suivent le Christ sur cette terre et dans le Ciel. Je désire m'échapper de l'étroite enceinte d'une Eglise particulière pour vivre dans le ciel ouvert en pleine lumière, regardant au loin et tout autour de moi, voyant avec mes propres yeux, écoutant avec mes propres oreilles et suivant la vérité humblement mais résolument, quoique ardue ou solitaire que soit la voie où elle conduit (1). » Ainsi parle le philosophe, citoyen de l'invisible Eglise et chrétien sans Eglise. Certes, il peut se rencontrer partout des éléments de grâce et de vérité capables d'opérer dans les âmes ce que l'Evangile appelle la nouvelle naissance. Mais n'est-ce pas dans l'Eglise fondée par Jésus-Christ que la grâce et la vérité ont été manifestées dans leur plénitude ? Est-ce que quitter cette Eglise ou marcher hors de ses voies n'est pas abandonner la seule voie sûre qui conduit à Dieu ?

Par cette opposition systématique de l'entité invi-

____

(1) *Le Pédagogue*, livre III, chap. xii.

sible à l'entité visible, on s'expose encore à perdre
de vue le caractère très défini de cette institution
divine qui se nomme l'Eglise du Christ et que son
fondateur a voulu placer comme une cité sur le
sommet d'une montagne pour luire à tous les yeux
et attirer tous les peuples (1). Cette Eglise est assez
grande pour s'ouvrir indistinctement à tous ceux
qui, cherchant Dieu, se rencontrent dans une communion supérieure d'aspirations et de prières. Elle a
pour mission de réaliser le vœu de son chef en faveur
d'un seul troupeau et d'un seul pasteur *Et erit
unum ovile et unus pastor* ; mais elle ne se confond
pas avec cette collectivité indéfinie, église de ceux
qui sont nés et qui vivent en dehors de la foi catholique, elle sait reconnaître les siens et les siens sa-
vent la reconnaître. Elle est, en un mot, au-dessus
de toutes les autres Eglises dont les valeurs très diverses dépendent du degré suivant lequel elles s'ap-
prochent ou s'éloignent de sa pensée et de ses œuvres.

Déduire de la théorie de l'âme de l'Eglise la conséquence que toutes les religions sont également
bonnes serait donc dénaturer une haute doctrine
dont le vrai sens n'est autre que la justification de

(1) *Mons ille domus Domini præparatus in vertice mon-
tium, ad quem fluunt omnes populi* (Mich. iv, 1 ; Is. ii, 2). *
Ecclesia est civitas illa quæ non potest abscondi super mon-
tem posita.*

la bonne foi en matière religieuse. Non, l'Eglise catholique ne saurait condamner ceux qui, nés en dehors de sa foi, n'ont pu la connaître, ni ceux qui n'ont pu réussir à en découvrir la vérité, après l'avoir cherchée dans toute la sincérité de leur cœur, ni ceux enfin qui, l'ayant perdue involontairement, font un effort généreux pour rallumer le flambeau éteint dans leur vie encore en quête d'un idéal. Voilà la seule conclusion logique qui se doive tirer de cet enseignement si conforme au sentiment universel des âmes (1).

Cependant, quand on examine les conditions requises par l'Eglise catholique pour l'acte de foi justi-

(1) Le Père Perrone interprète, à son tour, en ces termes la maxime fameuse : « Hors de l'Eglise point de salut ! »

« Quiconque meurt *par sa faute* dans l'hérésie, le schisme ou l'incrédulité ne peut être sauvé... Il est bien entendu, par les termes mêmes de la proposition, qu'il ne s'agit ici que de ceux qui meurent par *leur faute* dans l'hérésie le schisme ou l'incrédulité, c'est-à-dire de ceux qui sont *formellement* hors de l'Eglise ; mais il ne s'agit pas de ceux qui ne sont que *matériellement* hors de l'Eglise, qui, par exemple, imbus, dès leur enfance, d'erreurs et de préjugés, ne se doutent pas même qu'ils sont dans l'hérésie ou dans le schisme, ou qui, s'ils conçoivent quelques doutes, cherchent la vérité de tout leur cœur : ceux-là, Dieu seul les juge, qui seul pénètre le fond des cœurs. La bonté de Dieu ne permet pas qu'aucun homme subisse une peine éternelle pour un crime involontaire. Affirmer

ficatif, on est porté, malgré soi, à conclure contre la possibilité du salut pour l'homme privé du bienfait de la vérité révélée. Ces conditions sont, en effet, si complexes qu'il semble, à première vue, impossible de les trouver remplies, sans un miracle, au milieu des ténèbres épaisses des fausses religions.

Il faut d'abord connaître les quatre vérités dont la foi est dite de *nécessité de moyen* : l'existence de Dieu, la rémunération surnaturelle par Dieu, la trinité et l'incarnation. Il faut, de plus, que ces vérités à croire soient connues par une révélation divine et que cette révélation soit certaine pour le croyant. Il importe enfin qu'on donne son assentiment à ces mêmes vérités, sous l'impulsion de la grâce, avec une ferme certitude, et à cause de l'autorité de Dieu révélateur. Est-ce qu'un pareil acte de foi, si compliqué apparemment pour les catholiques eux-mêmes, peut être fait par des hommes qui sont dans l'impossibilité de connaître la vraie religion ? N'est-on pas réduit, du moins, à solliciter le miracle dont parle saint Thomas, et toute l'Ecole à sa suite, en faveur des malheureux qui ne sont pas coupables de leur infidélité. Oui, ces hommes peuvent-ils être

le contraire, c'est aller contre l'enseignement formel de l'Eglise (1).

Traité de la vraie religion, partie II, prop. 12, reproduit dans la *Philosophie du Credo*, du père GAITAT, Dialogue V°, pages 184 et 185.

justifiés, si Dieu n'envoie pas un missionnaire jusqu'à eux ou ne leur révèle pas personnellement les
vérités nécessaires au salut !

Gardons-nous, ici, toutefois, d'une conclusion trop
précipitée et trop générale. Ce que nous devons
voir avant tout dans cette complexité de conditions
requise pour l'acte de foi, ce n'est pas l'impossibilité
mais l'infériorité où sont placés par rapport au salut
ceux qui n'appartiennent pas à l'Eglise catholique.
Et cette constatation confirme d'une part l'inégale
valeur des religions, de l'autre, la supériorité du
catholicisme comme force morale surnaturelle du
monde. Elle apporte en même temps un témoignage
irrécusable pour justifier, s'il était besoin, l'apostolat généreux des propagateurs de l'Evangile (1).

Mais il nous reste à chercher si en dehors des mi-
racles et des révélations privées Dieu ne dispose pas
d'autres moyens plus conformes à l'ordre habituel
de sa providence pour assurer le salut des hérétiques
et des infidèles de bonne foi. Nous revenons ainsi

(1) Un chrétien se sentira toujours appelé à communi-
quer à ses semblables une foi qu'il considère comme le
trésor de son âme. La grande œuvre des missions excitera
ses vives sympathies. Si dans son propre pays, il rencontre
un homme sans foi et sans expérience, il s'efforcera d'être
un missionnaire à son égard ; et, pourvu qu'il agisse avec
respect de la conscience humaine et avec discrétion, il sera
dans la règle.

(E. Naville, ouvrage déjà cité, p. 274.)

directement à cette grave question dont l'intérêt
n'échappe à personne : ceux qui sont dans l'impossibilité de connaître la vraie religion peuvent-ils
avoir la foi nécessaire au salut ? Ce que nous avons
dit de la perpétuité de la révélation primitive chez
tous les peuples et de la conformité des premières
croyances religieuses avec les aspirations de la nature
humaine constitue déjà un motif sérieux de crédibilité en faveur des vérités requises pour l'acte justificatif. Il est vrai que la loi exige que ces vérités soient
tenues par le croyant pour certaines. Et l'on peut
se demander comment cette certitude pourra se
trouver dans les fausses religions et se dégager de
l'incohérence de leurs doctrines, si souvent immo-
rales ?

Au sujet de cette adhésion motivée nécessaire à
l'acte de foi les théologiens se montrent plus ou
moins exigeants (1), ils sont du moins d'accord pour
reconnaître qu'il suffit ici d'une certitude *relative*
c'est-à-dire de ces preuves auxquelles l'hérétique
ou l'infidèle de bonne foi *peut et doit dans sa situation*
donner un assentiment sans aucun doute ni aucune
réserve. Ils admettent en même temps, et ce doit
être l'objet d'une sérieuse attention, que Dieu sup-
plée par des inspirations intérieures de sa grâce à

(1) Cf. SUAREZ, *De fide*, disp. 4, s. 5, n° 9, et MAZELLA,
De virtutibus infusis, n° 825 ; cf. etian DE LUGO, *De fide*,
disp. 5, s. 2, n°ˢ 35-38, disp. 4, s. 6, n°ˢ 77-92.

l'insuffisance des motifs extérieurs de crédibilité. Cette grâce, dont l'action forme *l'âme de l'Eglise,* puisqu'elle se confond avec l'Esprit de Dieu, est aussi le facteur principal de l'acte de foi. Ce sont ses inspirations qui doivent préparer cette œuvre surnaturelle et y concourir, ainsi que l'affirme le concile du Vatican par ces belles paroles : *Dei aspirante et adjuvante gratia.* Mystérieuse puissance mais puissance agissante ! Elle est cette lumière intérieure qui dirige l'esprit de l'homme droit, même au milieu des ténèbres de l'hérésie ou de l'infidélité. Elle est la force qui arme la volonté pour l'abnégation et le sacrifice. Elle est cette voix qui rappelle à la conscience l'existence d'un Dieu supérieur au monde, la miséricorde d'un bon pasteur qui n'a pas cessé de poursuivre hors du bercail la brebis égarée. Et cette voix répète, sans se lasser, à toutes les âmes de bonne volonté que le pardon est promis à tous les repentirs et la récompense assurée, après la mort, à ceux qui ont passé sur la terre en bien faisant. Voilà le moyen providentiel dont Dieu se sert pour conduire l'homme à ses fins. Il est assez puissant pour rapprocher et soutenir tous les éléments de l'acte justificatif épars dans les ténèbres des fausses religions, il les rend, dès lors, capables de produire cette persuasion nécessaire relativement aux dogmes nécessaires pour le salut.

On ne saurait assez le redire : Dieu n'a pas en-

chaîné le bras de sa miséricorde. Son oreille n'est
fermée nulle part aux cris de la détresse humaine.
Sous toutes les latitudes et sous toutes les religions
la grâce divine peut atteindre et sauver les âmes
vertueuses demeurées inaccessibles aux enseignements
de l'Eglise. Et cette théorie de la *grâce universelle*
permet à la doctrine catholique d'échapper au reproche d'exclusion. L'action de l'esprit de Dieu
s'exerce régulièrement par l'enseignement sacerdo-
tal et par les sacrements. Voilà l'ordre commun
qu'impose l'orthodoxie de la doctrine. Mais cette
même action surnaturelle peut s'exercer autrement
par les moyens dont il plaît à Dieu de disposer,
telle est, au moins pour les catholiques éclairés, le
fondement de la tolérance, la raison du respect dû
à toute croyance sincère. L'esprit sectaire, qui fait
consister l'essence de la religion dans des pratiques
matérielles, dans les exercices d'un culte purement
formaliste, ne peut produire que « des bourreaux
de conscience » c'est, au contraire, l'honneur de
l'Eglise catholique de se préoccuper avant tout de la
sanctification des âmes et de l'accomplissement des
œuvres de charité, c'est-à-dire des sentiments et des
actes dans lesquels tous les cœurs chrétiens se rencontrent. Ainsi s'explique sa grande condescendance
pour ceux qui, ne partageant pas ses croyances,
pratiquent du moins ses vertus, sous l'influence
du Verbe éternel illuminant leur vie par les in-

tuitions sublimes du bon, du beau et du vrai.

III

L'Eglise catholique si respectueuse de la bonne
foi peut, elle, échapper au reproche d'intolérance
dont on s'est servi si souvent pour incriminer sa
conduite. C'est la condition de toute vérité d'être
intolérante. Si l'Eglise catholique a le droit de se
donner comme l'unique dépositaire de la vérité religieuse, elle a aussi le droit de défendre sa doctrine
et celui de la propager librement. Dans ces conditions, la lutte contre les forces qui feront obstacle à
l'action de l'Eglise n'impose-t-elle pas à celle-ci
l'usage de la contrainte ? Et l'emploi de cette contrainte en matière de religion, est-ce autre chose
que l'intolérance ?

Il faut se garder ici d'une confusion et distinguer
nettement dans la conduite de l'Eglise catholique
son action pour la défense de la vérité et des inté-
rêts religieux dont elle est la gardienne, de son action pour la diffusion de sa doctrine c'est-à-dire
pour l'évangélisation des âmes.

L'Eglise a toujours été intolérante en matière de
foi. On l'a vue impitoyable aux écarts de la pensée
religieuse, aux fausses interprétations de ses dogmes

et aux propositions contraires à la foi qu'elle n'a'
cessé de poursuivre de ses anathèmes. Mais cette intolérance n'a été pour l'Eglise que le soin de sa
conservation, l'exercice légitime de son droit de défense (1). Qui oserait contester sérieusement à une
doctrine religieuse le droit de maintenir, dans la
sphère des principes, l'intégrité de sa foi ? Une religion qui souffrirait ici la tolérance serait une religion qui se meurt.

On peut répondre, il est vrai, que dans la pratique, l'intolérance de l'erreur se confond avec l'intolérance de la personne. On peut objecter que
l'Eglise catholique a réprimé l'hérésie en livrant
l'hérétique au bras de la puissance séculière. Et il
semble qu'on subtilise en distinguant la répression
de l'hérésie de celle de l'hérétique.

Il nous suffira de rappeler que pour la grande
famille du Moyen-Age l'unité de foi était comme le
fondement de l'ordre social. L'Eglise, la puissance
spirituelle, regardait l'hérétique comme punissable,
parce qu'après s'être engagé envers elle par le baptême et la profession de foi il se retournait contre
elle pour la détruire. L'Etat, la puissance séculière,
punissait alors l'hérétique, considéré comme le per-
turbateur de l'ordre et le violateur des lois. Voilà le

(1) D. Thomas, 2ᵃ, 2ᵃᵉ , q. xi, art. III et Suarez, *De fide*,
dist. xviii, sect. 4, n° 3 et n° 7.

principe et le fait : le principe c'est la légitimité de
la répression en matière doctrinale, le fait, c'est sans
doute l'application aux personnes, mais seulement
dans un état de société où le droit public soumet-
tait aux mêmes lois prohibitives les atteintes à
l'ordre civil et à l'ordre religieux (1). L'Eglise, en
faisant appel à la contrainte, était d'accord avec le
sentiment général.

Hommes d'une génération par dessus tout éprise
de liberté et fascinée par les horizons nouveaux
que la science moderne a ouverts aux intelligences,
nous sommes portés à expliquer par ces seules raisons d'ordre politique et social l'ensemble des actes
et des institutions qui ont mis, dans un passé si différent du présent, la contrainte au service de l'or-

(1) Cette règle de conduite a été loyalement et utile-
ment rappelée par le pasteur Berrier dans un discours sur
la révocation de l'Edit de Nantes. « Les descendants des
proscrits ne sont pas dispensés d'être justes ; les griefs
mêmes dont leurs pères ont souffert leur en font un devoir. Or, la justice nous oblige à reconnaître qu'aucune
religion ne comprenait pleinement alors la liberté religieuse, que l'*intolérance était partout la règle*, que l'égalité
civile n'existait nulle part pour ceux qui n'appartenaient
pas à la religion dominante et que le culte catholique était
interdit à Londres, à Genève, en Ecosse, en Suède, en
Danemark.

Eug. BERSIER, *Quelques pages de l'histoire des Huguenots.*

thodoxie catholique. Nous ne saurions cependant méconnaître, en tant que catholiques, la légitimité du droit de répression. Notre théologie a toujours enseigné que le bien spirituel des hommes fait à l'Eglise un *droit* et un *devoir* de réprimer, même par la force, les erreurs qui portent manifestement atteinte à la vérité religieuse. Mais le principe comporte certaines réserves. L'Eglise n'entend recourir à la force que pour contenir l'erreur et nullement pour imposer la vérité. Elle reconnaît ainsi que toutes les consciences sincèrement religieuses ont droit au respect et rend hommage, à son tour, à la valeur morale que représente cet esprit de sincérité et qui explique les égards dus à toute loyale et honnête conviction. L'Eglise condamne encore l'emploi des moyens trop odieux qu'elle estime plus préjudiciables qu'utiles à la défense de la vérité. Enfin, elle n'entend pas faire usage de la force, si celle-ci doit empêcher un bien plus grand que celui qu'elle doit procurer. Tel est l'enseignement catholique en matière de tolérance (1).

(1) *Respecta etiam boni hominum spiritualis, jus et officium existere potest vim externam adhibendi contra hunc quem certo novimus esse errorem ;*

Dummodo 1° hæc adhibeatur ad cohibendum quidem errorem, non autem ad imponendam veritatem ;

Dummodo 2° media non adhibeantur adeo odiosa ut magis unde detrimenti quam commodi veritatis causa capiat ;

L'Encyclique *Mirari vos* de Grégoire XVI contre les doctrines de « l'Avenir », l'Encyclique *Quanta cura* de Pie IX contre le catholicisme libéral et le célèbre catalogue d'erreurs qui y fut annexé attestent que jamais l'Eglise n'a consenti à désavouer son pouvoir coercitif. L'Eglise s'est toujours donnée pour la société parfaite, *societas perfecta*. Une société parfaite n'a-t-elle pas tous les droits ? Peut-elle en abdiquer un seul ? Voilà pourquoi l'Eglise retient le principe de l'intolérance, en dépit des « rancunes durables et des mauvais souvenirs qui pèsent encore aujourd'hui sur sa mémoire (1). » Sans doute, en ne permettant pas à ses enfants de condamner en théorie l'usage qu'elle a fait, aux époques de foi, de la répression de l'erreur, l'Eglise n'entend pas tout défendre dans l'application de son droit. « Rien, dit Mgr d'Hulst, ne nous oblige à tout justifier dans l'histoire de l'Inquisition soit espagnole soit même romaine : par exemple, la procédure secrète, l'instruction poursuivie en dehors du prévenu, l'absence de débats contradictoires : ce sont là des formes juridiques arriérées qui répondent mal à un sentiment d'équité aujourd'hui universel, et qui est lui-même

Dummodo 3° bonum non majus impediatur quam illud quod procuratur.

Cf. Brugère, *De Eclesia Christi, Appendices II.*

(1) Mgr d'Hulst, *Conférence sur l'Eglise et l'Etat,* carême de 1895.

un fruit lentement mûri sur la tige de la civilisation chrétienne (1). » Mais la thèse est absolue. Et
comme l'absolu c'est le vrai, « il faut, observe
encore le même auteur, le faire régner tout autant
que son règne est possible et par les moyens qui,
dans chaque cas particulier, paraissent les plus propres
à établir son règne. Aller au delà c'est violence nuisible ; l'Eglise ne l'exige pas, elle le déconseille.
Rester en deçà, c'est désertion du devoir, l'Eglise
condamne cette défaillance. Et nous voyons dès lors
ce qu'il faut penser de la liberté (2). » « On aurait
tort de reprocher à l'Eglise l'affirmation de la thèse,
car c'est l'affirmation nécessaire du droit que possède
la vérité de gourverner le monde. » « On aurait
tort également de redouter l'application de la thèse,
car cette application n'est légitime à aucune époque
que dans la mesure où l'humanité en a besoin,
et alors, il n'y a pas d'injustice à redouter ; dans la
mesure aussi où l'humanité la supporte, et alors, il
n'y a pas à craindre les révoltes de l'opinion (3). »

D'autre part, ni aujourd'hui, ni jamais, à aucune
époque de son histoire, l'Eglise n'a essayé de se
propager par la violence ou la terreur. Elle n'a pas
eu besoin de l'épée pour évangéliser les nations, si

(1) Mgr d'Hulst, *Conférence sur l'Eglise et l'Etat*, carême de 1895, note 24, p. 381.
(2) *Idem*, p. 142.
(3) *Idem*, note, p. 387.

elle a versé du sang, elle a versé le sien. La contrainte d'ailleurs n'est-elle pas absurde pour amener les hommes à la vérité ? Ce n'est que librement, dit saint Augustin, que l'homme peut croire (1). « Tous les grands théologiens ont enseigné que l'acte de foi est un acte volontaire qui présuppose une illumination de l'esprit ». « On ne doit donc pas, observe très fortement saint Thomas, essayer de forcer les juifs ni les païens à recevoir le baptême (2). » « Et l'Eglise n'exerce pas sur eux sa juridiction » (3). Certains théologiens prétendent, il est vrai, que la contrainte peut favoriser cette illumination de l'esprit qui prépare l'acte de foi. Ils répètent volontiers le mot que Schiller devait prêter au grand Inquisiteur don Carlos : « *Contraignez d'entrer tous ceux que vous rencontrerez* ». C'est l'intolérance *charitable*, celle qui fait marcher en-

(1) La liberté morale est sacrée comme l'âme humaine. « Que nul, affirme Léon XIII, ne soit contraint par la force à embrasser la foi ! car saint Augustin a eu raison de dire : L'homme ne peut croire que de son plein gré. » Encyclique, *Immortale Dei*.

(2) *Infidelium quidam sunt qui nusquam susceperunt fidem sicut Gentiles et Judæi, et tales nullo modo sunt ad fidem compellendi, ut ipsi credunt, quia credere voluntatis est.* Summ., 2,ᵃ 2ᵐ , q. 10, art. 8, resp.

(3) *Quid mihi de iis qui foris sunt ? Nam eos Deus judicabit*, dit saint Paul, I Corinth. Voyez Suarez, *De fide*, disp. xviii, sect. 3. n. 5. *Op.*, t. XI, version 1742.

semble « le bon enseignement et la crainte utile ».
Elle ne permet pas d'imposer la vérité du dehors
par la violence, celle-ci est impie, parce qu'elle est
contraire à l'esprit comme à la lettre de l'Evangile.
Et l'Eglise n'a point voulu la prendre pour règle
de sa conduite et de son apostolat (1). L'histoire
peut en effet démontrer que l'Eglise catholique
doit avant tout le triomphe de sa doctrine à la
puissance de la grâce de Dieu dans les âmes, aux
exemples et aux vertus de ses saints, à l'héroïsme de
ses martyrs et de ses apôtres. Si des crimes ont
été commis en son nom, elle désapprouve hautement
ses crimes, elle ne peut exercer d'autre contrainte
que celle de la persuasion. Et cette force morale
est seule capable d'amener les âmes à la vérité et
de concilier les droits de l'unité catholique avec le
respect des droits de la conscience humaine.

On voit comment on peut concilier dans l'unité
catholique la doctrine de l'inégale valeur des religions avec celle de l'égale dignité des consciences

En résumé, jamais l'âme humaine n'a monté plus
haut que dans les espaces infinis qui lui furent ou-

(1) Nous ne saurions, pour notre part, le dire et le redire assez : après la grâce de Dieu, *la seule force*, la force
bénie en religion c'est celle de la démonstration ; elle est
seule conforme à la volonté divine, parce qu'elle est seule
conforme à la nature de l'homme. *Voyez* J. BRUGERETTE :
La déclaration des droits de l'homme et la doctrine catholique.

verts par l'enseignement de Jésus. C'est la conclusion qui se dégage de cette étude. Aussi, est-ce le devoir de tous ceux que sépare la diversité de croyances, mais que rapproche la charité fraternelle, de travailler par la communion en la vérité et en l'amour du commun Maître et Père qui est aux cieux, à réaliser la parole du divin Instituteur des hommes : Que la terre n'ait plus qu'une voix pour louer son Créateur, qu'un seul bercail où les enfants de Dieu se trouvent réunis dans l'union de la pensée comme dans celle du cœur.

BIBLIOGRAPHIE

HURTER. — *Theologiæ dogmaticæ compendium in usum studiosorum theologiæ,* tomus I.

Saint JUSTIN. — *Première apologie,* chapitre XLVI.

Saint CLÉMENT D'ALEXANDRIE. — *Stromates,* livre I, chap. VII et *Le Pédagogue,* liv. III, ch. XII.

SUAREZ. — *De fide* (disp. XII, sect. 3, n. 1 ; disp. XVIII, sect. 15, n. 5 et sect. 4, n. 3 et n. 7).

D. THOMAS. — *Summa theol.* (2a, 2ᵃᵉ, q. 10, art. 11 ; 2a, 2ᵃᵉ, q. XI, art. 3.

DE LUGO. — *De fide* (disp. XII, n. 123 et seq.).

VACANT. — *Etudes théologiques sur les constitutions du concile du Vatican,* tome II (art. 112, 113, 114 et 115).

PERRONE. — *Traité de la vraie religion.*

Michel MIR. — *L'accord de la science et de la foi,* traduit de l'espagnol par le P. Ch. Houzo, Paris. Victor Palmé.

BOSSUET. — *Histoire des variations.*

LAMENNAIS. — *Essal sur l'indifférence en matière de religion.*

P. JANET. — *Lamennais.*

Abbé DE BROGLIE. — *Problèmes et conclusions de l'histoire des religions.*

GONDAL. — *La religion : Du spiritualisme au christianisme.*

TOLSTOÏ. — *Revue des Revues*, 15 avril 1902 : *Qu'est-ce que la religion et ce qu'elle enseigne ?*
D'HULST. — *Conférences de Notre-Dame*, carême de 1895, *L'Eglise et l'Etat.*
LE CONGRÈS DES RELIGIONS. — *Revue bleue* du 16,23 et 30 novembre 1896.
Ernest NAVILLE. — *Le témoignage du Christ et l'unité du monde chrétien.*
Eugène BERSIER. — *Quelques pages de l'histoire des Huguenots.*
A. FOUILLÉE. — *Systèmes de morale contemporaine. — L'idée moderne du droit.*
DE LUCCA. — *Institutiones juris canonici*, Rome, 1901.
M. GUYAU. — *L'irréligion de l'avenir.*
J. BRUGERETTE. — *La déclaration des droits de l'homme et la doctrine catholique.*

TABLE DES MATIÈRES

Saint-Amand Cher. — Imprimerie BUSSIÈRE.